Mitología Griega

¡Los relatos más grandiosos de la Mitología Griega, con sus dioses, diosas, monstruos, héroes y mucho más!

Tabla de Contenidos

Introducción 1

Capítulo 1: Los Mitos de la Creación 5

Capítulo 2: Los Dioses 10

Capítulo 3: Las Diosas.. 24

Capítulo 4: Héroes y Monstruos.. 36

Capítulo 5: Mitos Importantes 46

Capítulo 6: Jacinto.. 51

Capítulo 7: Procne y Filomela 54

Capítulo 8: Pigmalión y Galatea 56

Capítulo 9: La caja de Pandora.. 60

Capítulo 10: Las Epopeyas 62

Capítulo 11: El Legado de los Griegos 65

Conclusión 67

Introducción

La mitología y las religiones de las culturas antiguas siguen inspirándonos hoy en día, fueron creadas en una época en la que la gente no entendía el mundo que les rodeaba, por lo que buscaban explicarlo a través de historias e interpretaciones fantásticas.

Si bien hay debates entre los estudiosos sobre cuántas de estas historias fueron creídas realmente, cuántas fueron alegóricas y cuántas fueron simplemente una forma de literatura popular de la época, nadie puede negar lo duraderas que son dichas historias. Ya sean celtas, nativas americanas o egipcias, las historias sobre los poderosos dioses así como de los héroes continúan inspirando y cautivando a la gente hoy en día.

La cultura que ha dado lugar a la mitología más famosa y duradera es la de la antigua Grecia.

Las historias de la mitología griega, desde los programas de televisión hasta las populares novelas para adolescentes, son algunas de las más conocidas y utilizadas. La mitología griega es fácilmente reconocible y es probable que aunque nunca hayas estudiado mitología o no sepas mucho sobre ella, al menos sepas lo básico sobre quiénes son los dioses y algunos de estos mitos.

La mitología griega está compuesta por las historias del panteón griego y de los héroes que interactuaron con el mismo, desarrolladas y contadas desde el 900-800 ac hasta el 600 ac, aproximadamente. Sabemos tanto acerca de la mitología y la historia griega porque los griegos a menudo describían sus mitologías y eventos históricos en la cerámica, en los templos, a través de la escritura y otros medios visuales.

Un aspecto interesante de la mitología griega es que se mezcla con la historia real de Grecia, por ejemplo, una de las historias más famosas de la mitología griega es la Ilíada, un poema épico que describe una guerra de diez años entre los griegos y los troyanos. Los arqueólogos han localizado el lugar donde se encontraba la ciudad de Troya y que de hecho fue destruida varias veces, incluido el momento que describe la Ilíada. Pero los acontecimientos históricos en la epopeya están marcados por hechos mitológicos, como los dioses ayudando a los distintos bandos, los héroes que son inmortales y así sucesivamente.

Entonces, ¿qué tiene la mitología griega que la hace tan popular y duradera? Gran parte de ello se debe probablemente a que la civilización griega tuvo un gran impacto en la historia occidental. Los griegos hicieron grandes avances en matemáticas y ciencia, además tenemos información sobre gran parte de su historia registrada, mientras que la historia registrada de otras civilizaciones antiguas se ha perdido.

A medida que avanzamos en la historia, vemos que las civilizaciones que vinieron después de los griegos hablaron constantemente de ellos. La mitología romana, por ejemplo, es casi exactamente igual a la griega, tomaron a los doce dioses del Olimpo, cambiaron sus nombres, agregaron algunas características y le pusieron un nombre a cada día. Durante el período del Renacimiento, hubo un gran interés en la antigüedad y a muchos artistas se les encargó hacer trabajos al estilo de los antiguos artistas griegos e interpretar escenas de esta mitología.

Pero eso no explica por qué esas civilizaciones eligieron emular a los griegos y continuar usando su mitología. ¿De qué se tratan los cuentos griegos de dioses enemistados, héroes en lucha y pruebas terribles que tanto los cautivaron y por qué siguen cautivándonos?

Tal vez sea la idea de que estos dioses no eran seres todopoderosos, ni eran perfectos. La mayoría de las religiones modernas hablan de un único Dios omnipotente, omnisciente y perfecto. La forma en que ese Dios es representado puede variar según si se trata del cristianismo, judaísmo, islam, hinduismo o algo que ni siquiera tiene un Dios específico, como el budismo o el taoísmo.

Los griegos contaban historias sobre múltiples dioses que tenían debilidades, defectos y cometían errores como los humanos. Tenían sus amores, sus pérdidas, sus conflictos y sus hazañas al igual que los humanos. Los griegos no consideraban a los dioses como ideales perfectos, sino más bien como criaturas que podían tener más poder que nosotros, pero que no eran tan diferentes de nosotros. Esa humanidad, las relaciones entre los dioses así como entre los dioses y los mortales, es lo que es tan fascinante de la mitología griega y lo que nos hace seguir leyendo sobre ella hasta el día de hoy.

Y por supuesto, está esa pequeña parte de nosotros que le gusta creer que existen monstruos fantásticos y dioses poderosos. A los humanos siempre nos ha gustado dar vueltas a nuestras historias, es entretenido disfrutar de las fantasías creadas por los griegos y especular sobre ellas, porque aunque no sean reales, no podemos evitar preguntarnos a nosotros mismos, ¿y qué tal que sí?

He aquí los dioses, los héroes, los monstruos y las historias que han cautivado a la civilización occidental durante tantos años.

Capítulo 1: Los Mitos de la Creación

Toda mitología tiende a comenzar con un mito de la creación. En Egipto, este mito es que una vez no había nada más que un mar negro y caótico, hasta que una flor de loto salió del agua y floreció. Dentro de la flor de loto estaba el dios del sol, Ra, que se convirtió en el primer dios y guió a todos los demás, trayendo luz al mundo.

Muchos otros mitos de la creación tienden a decir algo similar, sin embargo, la mitología griega difiere en que los primeros dioses creados no fueron los dioses que terminaron gobernando.

En la mitología griega, como en muchas otras, el mundo comenzó con la oscuridad, no había nada más que el vacío y en él estaba Nyx, la diosa de la noche y la oscuridad. Nyx fue retratada como un gran pájaro negro con alas que eventualmente puso un huevo dorado, cuando el huevo finalmente eclosionó, se dividió en dos partes: una mitad se convirtió en el cielo, Urano y la otra en la tierra, Gaia.

Hay diferentes versiones del mito de la creación, algunos dicen que no había ningún pájaro Nyx o que vino mucho después de la creación del mundo. Al principio sólo había Caos, hasta que la madre tierra, Gaia, fue creada. Gaia dio a luz y se casó con Urano, el cielo.

Independientemente de cómo se formaron la tierra y los cielos, toda la mitología griega está de acuerdo en que Gaia y Urano crearon a los Titanes. Los Titanes fueron los primeros en nacer y generalmente se les describe como seres peligrosos, poderosos y muy inteligentes. Un Titán muy conocido es Prometeo, quien entregó el fuego al hombre en contra de la voluntad de Zeus y como castigo fue encadenado a una roca con un águila que le extraería el hígado eternamente. Otro Titán es Atlas, que está obligado a sostener el cielo con su gran fuerza.

Los Titanes también se caracterizan por ser despiadados y sedientos de sangre, son una representación del hombre bárbaro y las tribus salvajes que vinieron antes de la colonización de la civilización griega. La siguiente generación, los dioses del Olimpo, son representados para reflejar la civilización griega tal y como fue después de la colonización, sofisticada y civilizada. Los Titanes no eran vistos como algo a ser adorado por los griegos, de hecho, se temía que los Titanes se levantaran y volvieran a tomar el control una vez más, una metáfora de la idea de que los barbaros se apoderaran de la civilización y todo cayera en el caos.

El mito de la creación dice que el titán más joven y el dios del tiempo, Cronos, se casó con otro titán, Rea. Cronos se rebeló y derrocó a su padre Urano, asumiendo el liderazgo de los Titanes. Vivía con el temor de que uno de sus hijos hiciera lo mismo, así que cada vez que Rea daba a luz a un niño, se lo tragaba entero.

Así es como tuvieron cinco hijos, pero cuando el sexto, Zeus, nació, Rea lo escondió y en su lugar le dio a Crono una roca envuelta en ropa de bebé para que se la tragara. Rea escondió a Zeus en una cueva en Creta, donde vivió hasta que fue adulto y luego regresó al Olimpo, el hogar de los titanes, para derrocar a su padre. Obligó a su padre a vomitar a sus otros cinco hijos: Hera, Poseidón, Deméter, Hades y Hestia. Los seis lucharon juntos y vencieron a los Titanes.

Los Titanes fueron entonces desterrados por Zeus, que se declaró el nuevo rey de los dioses al igual que del hombre y luego repartió el mundo entre él y sus hermanos. Como había llevado a los dioses a la victoria, decidió que quería tomar el cielo y ese sería su reino. Su hermano, Poseidón, se hizo cargo de los océanos. Hades se hizo cargo del inframundo y de todo lo que hay debajo de la tierra.

Un mito de la creación es básicamente un cuento que de alguna manera explica los orígenes de algo. Este mito griego de la creación explicaba a los griegos la jerarquía de los dioses y qué dios gobernaba sobre qué área de la tierra para que supieran a quién rezar. También hablaba de la idea de la revolución y de las nuevas civilizaciones que derrocaban a las antiguas, algo que era común en la Antigua Grecia. Grecia funcionaba como una agrupación de ciudades-estado entre las que se encontraban Atenas y Esparta, donde dichas ciudades-estado estaban casi constantemente en guerra unas con otras. Los griegos también valoraban mucho el pensamiento intelectual como el estudio de las matemáticas y de hecho relacionaban la idea de estudiar los números con la religión, el estudio de la geometría se consideraba una actividad sagrada. Al derrocar a los brutales titanes, los dioses del Olimpo representaban a la generación ilustrada y civilizada de griegos que se esforzaban por ser.

Los mitos que no tratan específicamente de la creación del mundo pueden ser llamados como mitos de la creación siempre y cuando expliquen el origen de algo, por ejemplo, "La Caja de Pandora". Se trata del mito en el que los dioses regalaron a la humanidad unos cuantos tesoros, incluyendo una hermosa mujer llamada Pandora y hay quien dice que ella fue la primera mujer. Hasta ese momento la vida había sido muy tranquila para la humanidad, sin embargo, uno de los regalos era una pequeña caja y todos tenían instrucciones de no abrirla. Pandora no pudo evitarlo, la abrió y derramó todas las cosas horribles que experimentamos en el mundo de hoy en día como la avaricia, la desesperación y la muerte. No obstante, había una cosa en el fondo de la caja, una pequeña luz brillante conocida como Esperanza. La Esperanza le rogó a Pandora que la dejara salir para que, sin importar cuántas cosas horribles plagara el hombre, siguiera encontrando la fuerza para seguir adelante.

Esto cuenta como un mito de la creación porque para los griegos era una forma de explicar cómo las cosas y las emociones horribles habían llegado al mundo. Todavía nos gusta llamar a las cosas como "La Caja de Pandora" y aunque sabemos que no deberíamos hacerlo, es demasiado tentador.

Hay muchos mitos de la creación que tratan de explicar cómo surgió algo. Los griegos también hicieron estudios científicos, pero no tenían todas las respuestas y tampoco contaban con el equipo necesario para hallarlas.

Para explicar por qué sopla el viento o cómo las estrellas llegaron a estar en el cielo nocturno, hicieron mitos de la creación. Los dioses y héroes surgidos de esos mitos de la creación fueron utilizados para crear más historias.

En poco tiempo había surgido todo un panteón.

Capítulo 2: Los Dioses

Un panteón es una colección de dioses y diosas en aquellas religiones que tienen múltiples dioses, a esto se le conoce como una religión politeísta. Una religión que tiene un solo Dios, como el Cristianismo o el Islam, se conoce como una religión monoteísta.

Esto se produjo porque para las civilizaciones antiguas tenía sentido que cada dios tuviera uno o dos poderes y responsabilidades para que el trabajo se dividiera equitativamente, al igual que en una oficina cada persona tiene unas pocas responsabilidades específicas y el trabajo se divide tan equitativamente como sea posible para que nadie se vea abrumado, de hecho, esta idea persiste hoy en día en las religiones monoteístas también. En el catolicismo, diferentes santos y ángeles tienen dominio sobre diferentes cosas y por lo tanto se reza a ellos dependiendo de lo que se quiera. Si te preocupa tu perro, le rezarías a San Francisco de Asís, que es el patrón de los animales. El Islam y el judaísmo tienen ángeles que sirven para el mismo propósito. El hinduismo es también una religión monoteísta, pero a menudo se confunde con una politeísta porque dividen a su único dios en múltiples facetas, es decir, múltiples dioses que representan uno o dos rasgos o poderes del único dios todopoderoso.

El innato deseo humano de adorar a múltiples dioses y de subdividir las tareas es fascinante, en la religión griega esto dio como resultado múltiples dioses y diosas. Había múltiples dioses, pero los doce dioses principales del Olimpo eran considerados los más poderosos. Estos eran Zeus, Hera, Poseidón, Hefesto, Apolo, Atenea, Hermes, Ares, Deméter, Artemisa, Afrodita y tanto Dionisio como Hestia difieren en este último aspecto.

Las diosas eran tan poderosas como los dioses y se detallarán en el próximo capítulo, pero este capítulo detallará los diversos dioses de la mitología griega. Un rasgo interesante que la mayoría de ellos comparten es que los dioses de la mitología griega son problemáticos, son los que accidentalmente crean monstruos, engendran guerras, se inmiscuyen en detrimento de la humanidad y así sucesivamente.

Zeus

Hablemos del primer dios, el rey de los otros dioses, Zeus. Zeus es el dios del cielo y del trueno y está a cargo de los otros dioses, asignándoles sus roles y actuando como juez de cualquier disputa.

Sin embargo, Zeus también causa muchos problemas a los dioses, ya que es conocido en la mitología como alguien lujurioso, fue el padre de más dioses y héroes que cualquier otro dios. En la mayoría de las historias relacionadas con él, aparece persiguiendo a una mujer, una diosa o un espíritu de la naturaleza como una díada o náyade.

La mayoría de los héroes que aparecen en la mitología griega son los descendientes de Zeus. Helena, la princesa que cuando fue capturada dio inicio a la guerra de Troya, es la hija de Zeus. Su madre trató de escapar de Zeus convirtiéndose en un ganso pero él se convirtió en un cisne y la siguió. Ella puso algunos huevos y todos se convirtieron en niños humanos, siendo Helena la más hermosa de todos ellos.

Atenea es uno de los hijos de Zeus, tras haber tomado a su madre Metis, la diosa de la sabiduría, en un esfuerzo por evitar el nacimiento de un niño. Los dioses gemelos Apolo y Artemisa, Hermes, Dionisio, Némesis, los tres Destinos y las nueve Musas son todos hijos de Zeus. Con su esposa Hera tuvo tres hijos dioses: Ares, Hebe y Hefesto. Con la diosa Deméter tuvo a Perséfone, la diosa de la primavera.

Algunos de los héroes que Zeus engendró incluyen a Heracles (más conocido por la ortografía romana de su nombre, Hércules) y a Perseo. También engendró al rey Minos, una poderosa figura de la mitología, así como al rey Tántalo, que se convirtió en un tirano y fue castigado en el inframundo. También engendró varios monstruos como resultado de convertirse en animales para acercarse a las mujeres mortales con las que quería acostarse. Se acostó con Europa como un toro y así dio a luz al Minotauro, se acostó con Selene como un león y así nació el León de Nemea.

Las conquistas de Zeus a menudo causaban problemas, a veces esto se debía a que su esposa, Hera (la diosa del matrimonio) estaba enojada por su infidelidad y castigaba a sus hijos o novias porque era incapaz de castigar al propio Zeus. Otras veces, esto se debía a que sus hijos eran demasiado poderosos o eran monstruos que causaban destrucción, así que Zeus necesitaba enviar a uno de los otros dioses o a un héroe para lidiar con la situación. Si una mujer lo rechazaba, encontraba una forma de castigarla, por ejemplo, Afrodita lo rechazó y como castigo él la casó con Hefesto, el más feo de los dioses.

Sin embargo, a pesar de sus defectos, se creía que Zeus era el más poderoso de los dioses y un justo soberano. Los juegos olímpicos se celebraban en su honor, tenía los más grandes festejos y el mayor número de adoradores. Es una de las figuras más prominentes de la mitología griega y la idea de un personaje poderoso, con barba, de tipo paternal persiste hoy en día, incluso en nuestras representaciones de un Dios cristiano.

Poseidón

El dios del océano y los terremotos, así como de los caballos. Poseidón no aparecía en tantas historias como Zeus, sin embargo, era el dios más venerado en las ciudades-estado de

Tebas y Pilos. Algunos mitos hablan de su ira: Odiseo, el protagonista de la Odisea, enfurece a Poseidón y en represalia, lo mantiene perdido en el mar durante diez años antes de que pueda volver a casa. A pesar de su ira contra Odiseo, Poseidón está del lado de los griegos en la famosa guerra de Troya y es descrito como un colaborador habitual de ellos.

Aunque Poseidón no tuvo tantos romances como Zeus, tuvo un famoso romance que resultó en uno de los monstruos más perdurables de la mitología griega. Poseidón y Atenea tuvieron una larga rivalidad después de que se creara la ciudad de Atenas: La gente no estaba segura por cual dios nombrar su ciudad, Poseidón les dio un pozo de agua, mientras que Atenea les regaló un olivo. Al principio, la gente se alegró por el agua, pero luego se dieron cuenta de que era agua salada y por tanto, no era potable. Escogieron nombrar su ciudad en honor a Atenea, ya que el aceite de oliva se usaba para cocinar la comida, encender linternas, para bañarse y la madera del árbol se usaba para el fuego. De este modo se le dio nombre a la ciudad de Atenas.

La rivalidad continuó durante algún tiempo, hasta que un día Poseidón persiguió y violó a Medusa, una hermosa mujer, en el suelo de uno de los templos de Atenea. Atenea convirtió a Medusa en una horrible Gorgona y le dio el poder de convertir a los hombres en piedra. No se sabe si esto se hizo para castigar a Medusa o para evitar que se le acercara algún hombre, pero Medusa se convirtió en uno de los monstruos más conocidos de la mitología griega. Medusa también tuvo dos hijos de Poseidón, Pegaso y el gigante Criseaor.

Poseidón también tuvo una aventura con una mujer mortal que llevó al nacimiento de Teseo, quien derrotó al famoso Minotauro y escapó de su laberinto. También engendró la raza de los cíclopes, los gigantes con un solo ojo. Como padre de los terremotos, que los antiguos griegos creían que eran causados por las olas del océano que erosionaban las rocas del fondo del mar, también se creía que era el causante de la epilepsia, un "terremoto" del cuerpo humano. Su descendiente más famoso fue Belerofonte, considerado uno de los más grandes héroes de la mitología que asesinó a la famosa Quimera.

Hades

El dios del inframundo, Hades, es a menudo representado como un villano, ya que la civilización moderna tiende a ver la muerte como algo aterrador y monstruoso, pero en la antigua Grecia, Hades era un buen personaje y era conocido como el más imparcial y justo de los dioses. Para los griegos, el inframundo no era algo a lo que temer y en muchos mitos aparecen héroes que entran en el inframundo con un propósito u otro.

Hades generalmente trata bien a estos héroes siempre y cuando no le causen daño, pero también se atiene a las reglas del inframundo y no deja que nadie engañe a la muerte. Supervisa la tortura y el castigo de los malhechores, como Tántalo, que sirvió a sus propios hijos a los dioses. Como castigo, Tántalo está de pie junto a un río, eternamente hambriento y sediento, con el agua fuera de su alcance y el fruto de un árbol fuera de su alcance. De aquí viene, por cierto, la palabra "tentador".

Varias historias muestran a los héroes tratando con Hades y éste nunca se muestra enojado, más bien se muestra rígido. Le permite a Heracles tomar prestado a su perro guardián, Cerbero, siempre y cuando Heracles lo devuelva. Deja que el héroe Teseo se vaya después de haberlo paralizado por un tiempo cuando éste trató de robar la esposa de Hades. También permite a Orfeo recuperar a su esposa después de que éste le toque música, siempre y cuando Orfeo no mire hacia atrás para asegurarse de que ella sigue allí (una alegoría sobre la confianza mutua, ya que Orfeo sí que mira hacia atrás, no confiando en que su esposa le está siguiendo y así la pierde para siempre).

De hecho, Hades es el único dios que no acepta a ninguna otra mujer, él tiene a su esposa Perséfone y permanece leal a ella. El mito de Perséfone es imperecedero y fue creado no sólo como una explicación de por qué tenemos invierno, sino también como una metáfora del viaje de una mujer desde la niñez hasta la edad adulta, dejando el hogar de su infancia para ir con su marido.

La mayoría olvida que Hades es también el dios de la riqueza, ya que los metales preciosos y las gemas vinieron de debajo de la tierra y, por lo tanto, se pensó que venían del inframundo.

Apolo

Apolo, uno de los dioses gemelos, es hijo de Zeus, hermano de Artemisa y dios del sol, la medicina, el tiro con arco, la música, la poesía, el arte y los oráculos. Se decía que todos los oráculos o aquellos que veían el futuro eran bendecidos por Apolo y lo tenían como su patrón.

Apolo se parecía mucho a su padre en que tenía muchas mujeres y era conocido por castigar a aquellas que no querían acostarse con él. En un famoso mito él persigue a una ninfa, Diana, que se convierte en un árbol para salvarse de ser tomada por él. Cuando persiguió a Casandra, una profeta que lo rechazó, la maldijo para que nadie creyera nada de lo que decía y así sus profecías sobre la destrucción de Troya cayeron en oídos sordos.

Se celebraron varios concursos de arte en su nombre, especialmente de poesía y música, con grandes premios para los ganadores. Se pensaba que Apolo era el líder de las Musas, las diosas que inspiraban a la humanidad a realizar diversas artes como la pintura y el teatro.

Apolo estuvo del lado de los troyanos en la guerra de Troya y fue su conducta la que provocó la ira de Aquiles, uno de los héroes, que a su vez causó los acontecimientos de la Ilíada. Es el dios que ayuda a París a soltar la flecha que mata a Aquiles y se cree que es el padre de Orfeo, el cantante y poeta más famoso de la mitología griega.

Hermes

Hijo de Zeus y el segundo más joven de los dioses olímpicos, Hermes sirve como su mensajero y es un dios de varios oficios. Es el dios del comercio, los viajeros, los deportes, los atletas, los cruces de frontera, los ladrones y los médicos, siendo su caduceo el símbolo más reconocido de la medicina. También es el guía del inframundo cuando una persona muere.

Hermes es un dios muy juguetón y a menudo se le muestra haciendo trucos o bromas a otros dioses, a veces con la ayuda de Afrodita, su cómplice y a veces amante. Utiliza sus sandalias aladas para volar y aunque es un dios embaucador, también es el dios que más a menudo está del lado de la humanidad. Muchas de sus bromas son para los dioses con el fin de beneficiar a los humanos.

Hermes era el dios que parecía más comprensivo con la humanidad y lo demostró al proteger a Príamo en la guerra de Troya, a pesar de que Príamo estaba del lado de Troya, el lado al que Hermes se oponía. Príamo se coló en el campamento griego para obtener el cuerpo de su hijo Héctor para el entierro y Hermes le concedió buena suerte e invisibilidad para que tuviera éxito y pudiera enterrar a su hijo adecuadamente.

Hermes no tuvo muchos hijos, pero los más conocidos fueron Pan y Autólicus. También es posible que fuera padre de Perseo, dependiendo del mito. Autólicus era conocido como el príncipe de los ladrones y era el abuelo de Odiseo, mientras que Pan es un famoso semidiós y el gobernante de los lugares salvajes del mundo.

Ares

El dios de la guerra, Ares, contrastaba con Atenea, la diosa de la guerra, en el sentido de que era la furia y la sed de sangre sin control de la guerra (los lados más oscuros y menos honorables de la misma). Ares era famoso por su temperamento y creó dos hijos, Fobos (Miedo) y Deimos (Terror), que junto con su amante Enio (Discordia), lo acompañaron en la batalla.

La mayoría de los griegos eran bastante ambivalentes con respecto a Ares, lo veían como la personificación de las partes necesarias e inevitables de la guerra y en su mejor faceta, representaba el valor y la valentía de los guerreros. La mayoría de los soldados y guerreros le rezaban en la batalla por la victoria, pero más por miedo a enfadarle o a tenerlo en el bando contrario que por un verdadero amor hacia él.

El mito más famoso de Ares es el que habla de su amante Afrodita, la diosa del amor. A menudo Ares se escabullía en la casa de Hefesto, el esposo de Afrodita, para dormir con ella mientras Hefesto no estaba. Una vez, Hefesto les tendió una trampa con una red dorada que los mantuviera cautivos para que todos los otros dioses se rieran de ellos. La mayoría de los mitos que involucran a Ares en realidad tienden a tratar sobre su humillación, sugiriendo que la idea del hombre macho no fue aceptada por los antiguos griegos. De hecho, la inteligencia y el aprendizaje eran más valorados que la destreza en la lucha, por lo que se esperaba que los hombres también fueran capaces de discutir sobre filosofía, matemáticas e incluso arte tanto como de luchar en la batalla. Ser sólo una bestia, por así decirlo, era algo risible y por eso se suele ridiculizar a Ares en la mitología.

Hefesto

Hijo de Zeus y Hera, Hefesto era el dios del fuego, la metalurgia, la forja, la escultura y la herrería. Era el patrón de estas artes y hacía todas las armas para los dioses, incluyendo los rayos de Zeus. Era un dios inteligente y honorable, pero se decía que era horriblemente feo porque durante una pelea entre Zeus y Hera, Hefesto se interpuso para proteger a su madre.

Zeus lo arrojó por la ventana con ira, arrojándolo al suelo, pero el Olimpo estaba tan alto que le llevó días caer. Cuando aterrizó, quedó horriblemente desfigurado.

En otra versión del mito es Hera quien arroja a Hefesto por la ventana porque nació desfigurado y odiaba verlo. En esta versión del mito es Zeus quien lo rescata y lo coloca dentro de un volcán donde puede forjar a sus anchas.

Hefesto está casado con Afrodita, la diosa del amor, aunque esta unión los hace infelices y fue llevada a cabo por Zeus para castigar a Afrodita por rechazarlo. Afrodita tiene numerosas aventuras, pero Hefesto sólo la castiga por su aventura con Ares, sugiriendo que no son tanto sus aventuras, sino el mismo Ares a quien se opone. Esto podría representar aún más la metáfora de lo que los antiguos griegos valoraban, ya que Hefesto representaba la habilidad, el arte, la sabiduría, además de tener poderes curativos y por tanto humillaba a Ares, el hombre que representa la ira desenfrenada y la fuerza bruta.

Si bien hay varios mitos que se contradicen y no se puede decir mucho con certeza, la mayoría de los estudiosos están de acuerdo al decir que Hefesto estaba enamorado de Atenea y que a menudo la perseguía. Se desconoce si tuvo éxito en cortejarla o si Atenea estaba abierta a la idea.

Dionisio

El más joven de los dioses griegos, Dionisio nació de Zeus y Sémele, una princesa humana. Dionisio es el dios de la fiesta, el vino, el teatro, la fertilidad y el éxtasis religioso. Se dice que cuando una persona se vuelve loca, es tocada por la locura de Dionisio.

Así como Hades, Dionisio tiene una esposa que se dice que adora, aunque a diferencia de Hades, Dionisio tiene otros hijos de otras mujeres. Ariadna, su esposa, fue una mujer mortal que ayudó al héroe humano Teseo a derrotar al Minotauro, Teseo se fue con ella y luego la abandonó en una isla. Viendo su angustia, Dionisio vino a ella y le propuso matrimonio, Ariadna aceptó, se hizo inmortal y fue llevada al Olimpo. A pesar de sus aventuras, muchos poemas hablan de su devoción y amor por Ariadna quien nunca buscó vengarse de Dionisio o de sus amantes como lo hicieron otras diosas-esposas como Hera.

Aunque Dionisio no era uno de los dioses más importantes o poderosos en cuanto a lo que dominaba, rápidamente se convirtió en uno de los más populares. El teatro como lo conocemos hoy en día comenzó originalmente como una especie de danza de celebración en honor a Dionisio y tenía muchos festivales en su nombre. Su historia de nacimiento, muerte y renacimiento, que se dice que es similar a la de Jesucristo en el cristianismo, era muy popular y se representaba cada año por actores y acompañada de sacrificios.

Las fiestas salvajes se atribuían generalmente a Dionisio, por lo que a menudo era usado como excusa para el comportamiento borracho y turbulento, además tenía grupos de seguidores salvajes que vivían en las colinas y causaban estragos. Su presencia en las fiestas y en los momentos salvajes fue probablemente lo que contribuyó a su popularidad, especialmente porque el vino era un producto importante y de exportación para Grecia.

Capítulo 3: Las Diosas

En general, las diosas de la mitología griega eran más responsables y más guerreras que los dioses. Mientras que los dioses eran poderosos, las diosas eran las que tenían un miedo constante a la ira y los relatos de diosas vengándose son más conocidos y numerosos que los de los dioses.

Hera

La reina de los dioses y esposa de Zeus, Hera era la diosa de la familia y las madres. Se le rezaba cuando una mujer estaba de parto y si un niño estaba enfermo pues se decía que protegía el vínculo familiar. También se le pedía que bendijera los matrimonios.

No obstante, Hera es famosa por su comportamiento celoso con su marido. Zeus era el más prolífico de los dioses, teniendo innumerables aventuras e hijos, por lo que Hera a menudo se vengaba de las mujeres y de sus hijos, ya que no podía atacar al propio Zeus. Le arrancó los ojos a Io, una de las amantes de Zeus, y persiguió por todo el mundo a Leto, la madre de Apolo y Artemisa, para que no pudiera detenerse a parirlos. Muchas mujeres evitaron o intentaron evitar el sexo con Zeus para no ser posteriormente atacadas por Hera.

A pesar de que se la conocía principalmente por esto, Hera era un integrante básico de los hogares griegos. No tenía muchos días de fiesta y no era tan popular como Atenea o Dionisio, pero era una presencia tranquila que se incorporaba al hogar y a las actividades diarias, ya sea en las oraciones de las madres o en un pequeño santuario de la casa. Se la incluyó en los rituales de parto, en las ceremonias de matrimonio y fue una parte discreta pero constante en la vida diaria de la Antigua Grecia.

Atenea

Atenea era probablemente la diosa más popular de todos los dioses independientemente de su género, era la diosa de la guerra, la sabiduría y la artesanía. Era la diosa patrona de Atenas, tuvo numerosos días de fiesta y se decía que guiaba a los héroes en la batalla. Atenea representaba la inteligencia, la estratagema militar de la guerra, la parte honorable y heroica de la misma, a diferencia de Ares que representaba la sed de sangre y la violencia.

Atenea aparece con frecuencia en la mitología y puede ser mostrada como misericordiosa, justa o vengativa, dependiendo del mito. Lo único que no le gusta es que la dejen en ridículo, aunque a ninguno de los dioses les gusta esto. Por ejemplo, cuando Aracne, una joven tejedora, se jactaba de ser mejor que Atenea, esta última la desafió a una competencia de tejido. Entonces Aracne tejió un tapiz que representaba a los dioses como idiotas borrachos y enfurecida por la falta de respeto, Atenea la convirtió en una araña, de ahí el término "arácnido".

Los dioses suelen ser de orígenes excepcionales y Atenea no fue la excepción. Se dice que nació cuando su padre, Zeus, se acostó con Metis, la diosa de la sabiduría y el conocimiento. Posteriormente se enteró de que el hijo de él y Metis sería un niño más poderoso que el propio Zeus. Para evitar esto, Zeus engañó a Metis para que se convirtiera en una mosca y se la tragó, pero Metis ya estaba embarazada y Atenea creció de la cabeza de Zeus. Cuando su dolor de cabeza era demasiado intenso, le rogó a Hefesto que le abriera la cabeza con su gran martillo. De ahí salió Atenea totalmente desarrollada y con su armadura distintiva.

Aunque era una diosa virgen que no tenía hijos propios, fue patrona y mentora de muchos héroes, incluyendo a Perseo, Heracles, Belerofonte, Odiseo y Jasón. Fue una de las tres diosas que lucharon por la manzana dorada que inició la guerra de Troya y que apoyaron a los griegos durante la guerra.

Según uno de los mitos, Atenea también tiene un hijo adoptivo llamado Erictonio. La historia cuenta que Hefesto trató de violarla y que Atenea se las arregló para luchar contra él. Hefesto hizo que su semilla cayera a la tierra (la diosa Gaia) quien quedó embarazada y dio a luz a Erictonio. Sintiéndose mal por el pobre niño, Atenea lo acogió y lo crió.

Su popularidad continuó en el período del Renacimiento en el que llegó a representar la educación y el aprendizaje clásico, convirtiéndose en un símbolo de la libertad y la democracia.

Artemisa

Gemela de Apolo e hija de Zeus y Leto, Artemisa era la diosa de la caza que guiaba a un grupo de mujeres en las cacerías eternas a través de los bosques. Fue también la diosa de la luna, los ciervos y los perros.

El único que se ganó el corazón de Artemisa fue Orión, un gran cazador, pero antes de que pudieran estar juntos, fue asesinado accidentalmente por ella en un engaño de su hermano Apolo. Artemisa nunca perdonó a Apolo por ello y convirtió a Orión en una constelación para que fuera recordado para siempre.

Se dice que cuando Artemisa y Apolo nacieron, Artemisa nació primero, mientras que su madre Leto todavía era perseguida por los monstruos enviados por Hera. Artemisa luchó contra ellos y protegió a su madre para que Leto pudiera dar a luz a Apolo. Al mismo tiempo que Artemisa y su hermano eran dioses difíciles de matar, ella, su hermano y Hera tenían una relación muy fría, sin calidez, por lo que a menudo se mostraban en lados opuestos de una discusión.

Múltiples hombres en la mitología desean e intentan obtener a Artemisa, sin embargo, a diferencia de muchos otros mitos donde la mujer debe sacrificar algo o transformarse para poder escapar a su vez que el hombre nunca experimenta consecuencias, Artemisa mata repetidamente o castiga de otra manera a los hombres que intentan violarla.

Artemisa también estuvo involucrada en la guerra de Troya. Agamenón, el líder de las fuerzas griegas y cuñado de Helena de Troya, no pudo conseguir que sus barcos de guerra salieran del puerto porque insultó a Artemisa y dijo que era mejor cazador que ella, por lo que sacrificó a su hija menor y su favorita, Ifigenia, como penitencia. En el momento de su muerte, Artemisa la animó y la convirtió en una de sus inmortales compañeras de caza. La voluntad de Agamenón de sacrificar a su hija rompió la maldición que Artemisa le había impuesto y pudo navegar a Troya para traer a Helena de vuelta.

Su rivalidad con Hera también llegó a un punto crítico durante la guerra de Troya, donde Hera estaba del lado de los griegos y Artemisa del lado de los troyanos en apoyo de su hermano Apolo. Las dos diosas llegaron a los golpes y Zeus tuvo que intervenir.

Artemisa era adorada tanto por hombres como por mujeres, los hombres por su destreza en la caza, mientras que las mujeres la adoraban por su castidad y la protección de las jóvenes. No tenía muchos días de fiesta, pero se la consideraba una de las más "humanas" de los dioses al participar activamente e interactuar con la humanidad. También era un símbolo para las hijas, ya que siempre protegía a su madre y buscaba su consejo.

Deméter

La diosa de la agricultura, la cosecha, la fertilidad, las leyes y los juramentos sagrados. Deméter era la más venerada por los agricultores que esperaban tener una cosecha exitosa ese año. A pesar de sus dominios sobre la tierra, se la conoce sobre todo por la historia de su hija, Perséfone, por lo que llegó a ser adorada como la que hace cumplir los juramentos y las promesas.

Deméter solía tener una de las mayores influencias y poder en la mitología debido al estatus de Grecia como país agrícola. Sin embargo, a medida que Grecia crecía en poder militar y se orientaba más hacia la guerra y los descubrimientos científicos, la influencia de Deméter disminuyó. Se decía que generalmente se ponía del lado de Poseidón y en contra de Zeus.

Pero a pesar de esto, tuvo una hija con Zeus, Perséfone. Tuvo otros hijos, pero Perséfone era su orgullo, su alegría, y también la única que era inmortal. Un día, mientras Perséfone estaba fuera, fue tomada por Hades para ser su mujer. Deméter estaba furiosa, exigió que su hija volviera y cuando Hades se negó, ella volvió estéril al mundo. Llegaron vientos fríos y nada creció.

Los otros dioses le rogaron a Deméter que devolviera la fertilidad a la tierra, pero ella se negó hasta que le devolvieron a su hija. Sin embargo, Hades y Perséfone se negaron.

Zeus finalmente intervino al decretar que Perséfone pasaría nueve meses del año con su madre y tres meses con su marido. Los tres meses en que Perséfone está con Hades, Deméter hace que el suelo se marchite, que es como los griegos explicaron de dónde vino el invierno. De la exigencia de que Perséfone y Hades honren los lazos de la maternidad y se adhieran al juramento de Zeus es de donde Deméter obtiene su dominio sobre las leyes y los juramentos.

Hestia

La diosa del hogar y la casa. Hestia es a menudo olvidada y muchos la reemplazarían por Dionisio, el más popular de los doce dioses del Olimpo.

Hestia representa el orden, por lo que no solo fue adorada en el hogar, sino también en el estado y hasta en la arquitectura, ya que todos los edificios debían estar en orden o se caerían. El centro de cada ciudad tenía una llama sagrada dedicada a Hestia que ardía eternamente, y cuando se establecía una nueva ciudad, una parte de esa llama se llevaba a la nueva ciudad y se colocaba allí. Esto se debía a que el corazón de un hogar era la chimenea o fogón, de modo que el centro de la ciudad debía tener una chimenea también porque una ciudad-estado era simplemente una versión más grande de una familia y ambas debían estar ordenadas.

Curiosamente, Hestia es en realidad la más antigua de los dioses olímpicos, ya que es la primera hija de Cronos y Rea. Esto podría ser porque representa los cimientos de la familia y la ciudad-estado, donde el orden y el valor están por encima de todo. En consecuencia, la diosa que lo representaba tenía que estar antes que todos los demás, aunque no siempre fuera la más célebre.

A pesar de no ser la más célebre, cada vez que se hacía un sacrificio a los dioses, una pequeña parte de ese sacrificio "iba destinado a Hestia primero", ya que el hogar y la familia nunca se olvidaban. Aunque nunca hizo un voto de castidad como Artemisa o Atenea, no hay constancia de que Hestia tuviera cónyuge o hijos, por lo que se dedica a la humanidad como su familia. El más gentil y pasivo de los dioses, Hestia no se recuerda demasiado en los tiempos modernos, pero posiblemente era el dios más valorado y fundamental a los ojos de los antiguos griegos.

Afrodita

Aunque es uno de los doce dioses del Olimpo, Afrodita tiene orígenes inusuales. Cuando el dios Urano fue asesinado, su sangre cayó en el mar, removiendo la espuma y de esa espuma nació Afrodita. Es la diosa de la belleza, el amor, el placer y la sexualidad. Es más famosa por ser la representación y el pináculo de la belleza femenina en la cultura occidental. También es a menudo invocada por los poetas cuando están enamorados o cuando desean alabar la belleza de sus amantes mortales.

Afrodita fue originalmente buscada por Zeus, pero ella lo rechazó. Como castigo fue casada con Hefesto, un dios deforme al que no amaba. Afrodita le fue repetidamente infiel, sobre todo con Ares, el dios de la guerra. Ella también era la cohorte y a veces amante de Hermes.

Aunque Afrodita tuvo muchos amantes, uno de los más conocidos es Adonis. De niño, Adonis fue criado por Perséfone como si fuera su hijo, pero se convirtió en el más bello de los hombres y Afrodita lo quería. Las dos mujeres se pelearon por él, de modo que Zeus decretó que Adonis pasara un tercio del año con Perséfone, un tercio del año con Afrodita y un tercio del año como él quisiera. Adonis eligió pasar ese tercio con Afrodita también, hasta que fue corneado por un jabalí y enviado al inframundo permanentemente. Adonis se convirtió en el símbolo de los jóvenes guapos (por lo que se dice que un joven guapo es "un Adonis") y es el más conocido de los amantes de Afrodita, sin embargo, ella no tuvo hijos con él.

Tuvo hijos con sus otros amantes, siendo el más famoso Eros, su hijo con Ares. Eros era el dios del amor y de ahí sacamos nuestra idea moderna de Cupido. Eros tenía un paquete de flechas y las disparaba al corazón de la gente para que se enamoraran. Desafortunadamente, los dioses a menudo le ordenaban usar esta habilidad para manipular a los mortales.

Un famoso mito detalla cómo Eros se enamoró de Psique, una mujer aún más hermosa que Afrodita. Afrodita odiaba a Psique por esto e intentó matarla, pero fracasó, y Psique se casó con Eros y se hizo inmortal.

Afrodita también tenía otro amante mortal, Anquises, un hombre de Troya. Se dice que su hijo, Eneas, se fue a Italia y se convirtió en el padre de los romanos. Su historia se detalla en la epopeya romana, la Eneida, que cuenta los acontecimientos que siguieron a la guerra de Troya desde la perspectiva de los troyanos (donde La Odisea cuenta la historia desde la perspectiva de los griegos).

Afrodita era famosa por recompensar fuertemente a los que la honraban y castigar brutalmente a los que la enfurecían. Posiblemente por eso París eligió darle la manzana de oro en los eventos que llevaron a la guerra de Troya, a pesar de que Artemisa y Hera se enojaron con esta elección. Le gustaba mucho hacer que los caballos de los hombres los destrozaran y se los comieran.

A lo largo de la historia y en la actualidad, Afrodita es una de las diosas más populares. Se puede encontrar una versión de ella en la mayoría de las mitologías y se dice que es una versión actualizada de la diosa Ishtar de la mitología mesopotámica. Muchas religiones paganas actuales, como la Wicca, todavía la adoran.

Perséfone

Perséfone, uno de los dioses más jóvenes, es la hija de Deméter y Zeus. Su nombre original era en realidad Kore, que significa doncella, era la diosa de la primavera y la inocencia. Después de casarse con Hades, se convirtió en la diosa del inframundo y se dice que era majestuosa e intimidante, quien decidía y llevaba a cabo el castigo para los malhechores. Fue a ella a quien había que temer en el inframundo, más que a su marido. De hecho, en el inframundo, estaba prohibido incluso decir su nombre.

Este mito es alegórico por el viaje que una mujer debía hacer en la sociedad de niña a adulta, pasando de la casa de su madre a la de su marido y llevando a cabo sus deberes como ama de casa y sirvienta. Perséfone era una diosa popular que tenía todo un culto dedicado a ella.

El mito del secuestro de Perséfone y su matrimonio con Hades tiene varias versiones. La más básica es que Hades la capturó y luego la engañó para que comiera algunas semillas de granada para que tuviera que pasar parte del año en el Inframundo con él. Por otro lado, otras fuentes dicen que Zeus deseaba a Perséfone y ella aceptó casarse con Hades, comiendo las semillas de buena gana para poder pasar parte del año con él.

Esta segunda interpretación se basa en el hecho de que Perséfone nunca tuvo otros amantes y no tuvo hijos, mientras que otras diosas casadas a regañadientes, como Afrodita, tuvieron numerosas aventuras. Sin embargo, Perséfone adopta a Adonis como su hijo después de que su madre se convirtiera en un árbol.

Había muchos otros dioses tales como Nike, la diosa de los atletas y la victoria, y Morfeo, el dios de los sueños, pero estos eran los principales dioses y diosas que eran adorados por el pueblo de Grecia y a los que se invocaba con mayor frecuencia en sus mitologías.

Capítulo 4: Héroes y Monstruos

Los dioses a menudo protagonizaban los mitos, pero aún más a menudo eran los personajes secundarios, ayudando o frenando a los mortales que se elevaban por encima del hombre común para convertirse en algo más: los héroes. Perdurando a través del tiempo, estos personajes aún son mencionados hoy en día, conocidos por su poder en la batalla, su astucia y su coraje. Por otro lado, estaban los que se oponían a ellos y traían el terror a la tierra, los monstruos que mataban.

Jasón

A diferencia de muchos héroes, Jasón era completamente mortal. Era el hijo de un rey, Aesón, y de una madre (la identidad de su madre cambia dependiendo del mito).

Cuando era sólo un bebé, su medio hermano mayor mató a su padre Aesón y tomó su trono. Su madre, temerosa por su hijo, hizo que sus criadas se reunieran alrededor del bebé y lloraran como si hubiera nacido muerto. Luego se lo llevó a Quirón, un centauro y entrenador de héroes, para que lo criara. Cuando fue adulto, Jasón regresó a su ciudad natal para luchar contra su medio hermano por el trono. Su hermanastro le dijo que podía reclamar el trono cuando trajera de vuelta el legendario Vellocino de Oro y Jasón aceptó porque quería evitar la guerra.

Entonces Jasón reunió un grupo de héroes, conocidos como los Argonautas, y se puso en marcha. Hércules y Orfeo, otros dos héroes importantes, eran parte de este grupo. Tuvieron muchas aventuras a lo largo del camino, pero finalmente llegaron a la isla donde el vellocino fue tomado y custodiado por un dragón. El rey local accedió a darle el vellocino a Jasón si cumplía con éxito tres tareas. Hera persuadió a Eros para que la hija del rey, Medea, se enamorara de él y le ayudara. Jasón tuvo éxito con esta ayuda mágica y huyeron juntos, pero luego Jasón la abandonó por temor a esos poderes mágicos.

Como abandonó a Medea y rompió su promesa, perdió el favor de Hera, diosa del matrimonio. Murió solo e infeliz cuando la popa del podrido Argo, su barco, cayó sobre él.

Orfeo

El supuesto hijo de Apolo y una mujer mortal, Orfeo es uno de los pocos héroes que no son conocidos por sus habilidades de lucha. Era más bien un hábil músico y poeta, considerado el mejor del mundo. Otros mitos dicen que es el hijo de una de las musas, Calíope, y un rey mortal.

Orfeo, como muchos personajes mitológicos, podría haber sido en realidad una figura histórica. Hay fragmentos de poesía atribuidos a él que sobreviven hoy en día y otros relatos que mencionan muchas más epopeyas (largas historias con formato de poesía) de él que se perdieron en el tiempo.

El mito de Orfeo que más perdura es la historia de su esposa perdida, Eurídice. El mito dice que Eurídice murió, algunos dicen que mordida por una serpiente, y que Orfeo estaba tan desconsolado que estaba decidido a ir al Inframundo y recuperarla. Logró pasar al gigante perro guardián de tres cabezas, Cerbero, tocando música que lo hizo dormir. Luego tocó música para Perséfone y Hades. Convencidos de su habilidad, acordaron devolverle a Eurídice, pero debía demostrar su confianza en ella saliendo del Inframundo sin mirar ni una sola vez hacia atrás, confiando en que ella le seguiría.

Orfeo acababa de llegar a la entrada del Inframundo y estaba casi en casa cuando cedió a la tentación y miró hacia atrás. Apenas tuvo tiempo de ver que Eurídice lo había estado siguiendo todo el tiempo y que se mantuvo fiel hasta que desapareció, desaparecida para siempre por no haber pasado la prueba. Orfeo se dejó destrozar por mujeres salvajes que adoraban a Dionisio para poder morir y unirse a Eurídice en el inframundo de forma permanente.

No obstante, Orfeo estuvo involucrado en otros mitos, incluso como miembro de los Argonautas con Jasón.

Teseo

Rey y fundador de la ciudad de Atenas, Teseo era el hijo del rey mortal Egeo, así como de la hija de su amigo y compañero, Pitteo, también conocida como Etra. Después de que Egeo y Etra durmieran juntos, Etra tuvo un sueño de Atenea que le decía que se adentrara en el océano. Así lo hizo y fue poseída por Poseidón, que le dio a su hijo algo de su poder. Por lo tanto, Teseo era técnicamente un semidiós a pesar de tener dos padres mortales.

Teseo fue criado por su madre y se le informó de su verdadera paternidad cuando ya era adulto. Luego se puso en camino para encontrar a su padre, topándose con seis entradas al Inframundo en el camino y teniendo que derrotar a los guardianes en cada entrada.

Cuando llegó a Atenas, se enteró por su padre que estaban en medio de una terrible desgracia. Atenas había perdido una guerra importante contra Creta y, como sacrificio, debían enviar cada pocos años a seis mujeres y seis hombres jóvenes a Creta, donde serían entregados al Minotauro en su laberinto. Teseo se ofreció a unirse a ellos para matar al monstruo.

Viajó a Creta, donde conoció al rey Minos y a su hija Ariadna. Ariadna se enamoró de Teseo, le dio un ovillo para que pudiera encontrar la salida del laberinto y le dió una espada a escondidas. Incluso le dio instrucciones para encontrar el centro del laberinto donde estaba el Minotauro. Teseo mató al

Minotauro y regresó del laberinto, donde él y los otros jóvenes atenienses huyeron con Ariadna de vuelta a Atenas. En el camino, por razones desconocidas, abandonó a Ariadna.

La victoria de Teseo se vio empañada por el dolor, pues había prometido a su padre que si sobrevivía cambiaría las velas negras del barco por blancas. Él se olvidó de esto y entonces, cuando su padre vio las velas negras, pensó que su hijo había muerto y se tiró por un acantilado, suicidándose.

Perseo

Otro semidiós, Perseo es el hijo de Zeus y una mujer mortal, Dánae. Su abuelo oyó de un oráculo que su nieto lo mataría, por lo que encerró a Dánae en una cámara que sólo tenía acceso desde el cielo, entonces Zeus bajó a ella en forma de luz solar dorada. Su abuelo tenía miedo de su nieto pero no podía matar al hijo de Zeus, así que envió a Dánae y al niño Perseo al mar en un cofre de madera donde fueron encontrados por un pescador que los acogió. El rey local quería casarse con Dánae, pero Perseo protegió a su madre, por lo que el rey se las arregló para que Perseo fuera enviado lejos de su hogar de forma deshonrosa.

El rey planeó un festín en el que cada persona debía regalarle un caballo, presuntamente para ganar la mano de una princesa conocida por domar caballos. Perseo no tenía caballo, así que pidió al rey que nombrara otro regalo que Perseo pudiera darle. Aprovechando esta precipitada oferta, el rey le dijo a Perseo que le trajera la cabeza de Medusa.

Uno de los monstruos más perdurables de la mitología griega, Medusa fue maldecida por Atenea para que tuviera colmillos, alas, ojos saltones, serpientes en el pelo y que su mirada convirtiera en piedra a todo aquello que la viera.

Por suerte, Atenea ayudó a Perseo y le regaló, entre otras cosas, un escudo que era lo suficientemente brillante como para ser usado como espejo. Perseo miraba al espejo, en vez de a Medusa, para poder verla y luchar contra ella sin ser convertido en piedra. Le cortó la cabeza, regresó con el rey y usó la cabeza de Medusa con él, para que se convirtiera en piedra.

Efectivamente, Perseo mató a su abuelo, pero por accidente. Estaba viajando y compitiendo en una competición de lanzamiento de discos a la que asistía su abuelo para no estar en casa, ya que había oído hablar del regreso de Perseo. El disco se volvió loco y le golpeó en la cabeza, matándolo.

Este es otro tema recurrente en la mitología griega: que cuanto más luchas contra las profecías y los dioses, más se alinean los eventos para que ocurran.

Belerofonte

Considerado el más grande héroe de la historia anterior a Hércules (junto con Cadmus y Perseo). Uno de los mayores actos de heroísmo de Belerofonte fue el asesinato de la Quimera.

La Quimera es un monstruo popular en la mitología griega. Emplea el concepto mitológico tradicional de combinar varios animales en un monstruo horrible. En este caso, la quimera tenía las cabezas de un león, una cabra y un dragón, el cuerpo de un león y la cola de una serpiente. Hoy en día, cualquier criatura de ficción que se hace combinando las partes de diferentes animales es llamada "quimera".

Belerofonte era hijo de una mujer mortal y Poseidón, aunque algunos dicen que era totalmente mortal y que era hijo del marido de la mujer. Capturó a Pegaso, el caballo volador, y lo usó para volar por encima de la quimera y dejar caer plomo por su garganta. Cuando la quimera respiró fuego de nuevo, derritió el plomo, lo que la asfixió y la mató. Se dice que las "llamas eternas" de Licia (la actual Turquía) son el remanente de la agonía de la quimera.

Sin embargo, con el tiempo Belerofonte se volvió demasiado orgulloso de sí mismo y trató de volar hasta el Olimpo, sintiéndose igual a los dioses. Zeus envió una mosca para que picara a Pegaso, causando su caída. La historia de una persona demasiado orgullosa que enfurece a los dioses es otra de las características de la mitología griega.

Cadmo

Se dice que Cadmo, el fundador de Tebas, inventó el alfabeto fonético y fue conocido como uno de los más grandes héroes antes de la llegada de Hércules. Mató a un dragón de agua y a otras criaturas durante su búsqueda para encontrar y rescatar a su hermana Europa, que había sido secuestrada por Zeus en forma de toro.

El heroísmo de Cadmo fue tan grande que los dioses le permitieron casarse con Harmonía, la diosa de la armonía, quien era la hija de Afrodita y Ares.

Los dragones en la antigua Grecia no se consideraban las criaturas inteligentes que hoy en día solemos imaginar. En la actualidad, a menudo nos gusta representar a los dragones como fuentes de sabiduría y magia, pero en la antigüedad, los dragones eran vistos simplemente como otro tipo de animal, aunque uno que era más peligroso y que podía exhalar fuego. Hay varios relatos de dragones en la mitología, incluyendo las hazañas de Cadmo, pero ninguno de los dragones puede hablar, aunque son criaturas astutas y a menudo se debe usar la magia o la inteligencia para derrotarlos en lugar de la fuerza bruta.

Hércules

El mayor héroe de todos ellos, Hércules (o Heracles según la ortografía griega, aunque el nombre romano para él es el que todos conocemos). fue el hijo de Zeus y la mortal Alcmena. Fue, curiosamente, el bisnieto y medio hermano de Perseo. Alcmena descendía de Perseo, pero el padre de Hércules era Zeus, quien era también el padre de Perseo.

La antigua mitología griega podía confundirse a menudo de esta manera, ya que todos los dioses están de alguna manera relacionados, casándose o teniendo relaciones entre sí y con varios mortales, los cuales también estaban a menudo relacionados, ya que la mayoría de los mortales que se convertían en héroes e interactuaban con los dioses eran en cierto modo miembros de la realeza.

Hércules pasó gran parte de su vida luchando contra las maquinaciones de Hera, que lo odiaba como odiaba a todos los hijos ilegítimos de Zeus. Hércules era conocido especialmente por su heroísmo, recordaba constantemente a la gente que era un hijo de Zeus con su fuerza física. El incidente más famoso fue cuando Hera hizo que Hércules se volviera loco, matando a su esposa Mégara y a sus hijos. Cuando Hércules se recuperó de su crisis maníaca, consultó a un oráculo sobre cómo expiarla, pero el oráculo era secretamente Hera quien le dijo que debía servir a su primo y realizar los trabajos que este le pedía. Los siguientes Doce Trabajos de Hércules son sus obras más famosas.

Estos trabajos implicaban combatir a los caballos carnívoros, la Hidra y sacar a Cerbero del Inframundo. También tuvo que capturar un jabalí y matar al León de Nemea, un monstruoso hijo de Zeus. La mayoría de los famosos monstruos griegos de la mitología fueron enfrentados por Hércules, de hecho, las acciones de Hércules son el doble de las realizadas por otros héroes. Su popularidad duradera en la mitología griega así como en la mitología romana y la cultura popular de hoy en día es fascinante.

Parte de ello podría ser que Hércules era conocido no sólo por su fuerza bruta, sino también por su inteligencia, sus actos de penitencia hacia los dioses y por su extrema compasión y generosidad hacia sus amigos.

Hércules es posiblemente el personaje más reconocible de la mitología griega, siendo objeto de múltiples películas y programas de televisión. Sin importar las razones, es el símbolo máximo de la mitología griega y de los héroes de la antigüedad.

Capítulo 5: Mitos Importantes

Ya hemos abordado diversos mitos a lo largo del libro que fueron importantes para los griegos, incluyendo las acciones de sus famosos héroes. Sin embargo, hay un montón de otros mitos que no necesariamente presentaban a uno de esos famosos héroes y si lo hacían, el enfoque no era para los héroes sino para otros. Muchos son tan conocidos para nosotros que están arraigados en nuestra cultura sin que lo sepamos.

Por ejemplo, alguien puede tener un "complejo de Edipo", una condición psicológica diagnosticable (esa frase proviene del mito de Edipo). Si alguien tiene el "toque de Midas", donde parece que todo en lo que participa resulta bien, eso viene del mito del Rey Midas.

Puede ser difícil para los historiadores catalogar todos los mitos, porque los mitos cambiaron a lo largo del tiempo, pudiendo mezclarse unos con otros o ser contados con diferentes personajes. Este capítulo incluirá algunos de los mitos más famosos.

Edipo

Este mito ganó fama porque el relato se convirtió en una serie de obras de teatro sobre el condenado rey Edipo y su familia. La historia es también un cuento con moraleja, advirtiendo a la gente de lo que pasaría si se volvieran demasiado orgullosos y desafiaran a los dioses, o si intentaran ir contra el destino. Todo lo que la gente hace en estas historias para desafiar las profecías del oráculo, en realidad ayuda a que dichas profecías se cumplan.

La profecía decía que el hijo del rey mataría a su padre y se casaría con su madre, así que el rey hace que un sirviente lleve a su hijo al bosque para ser devorado por los animales salvajes. El sirviente deja al niño, pero el bebé es encontrado por otro rey y otra reina. El niño crece y se convierte en Edipo. Viaja de joven y en el camino se encuentra con un hombre mayor que es grosero con él, lo mata, y luego visita el siguiente reino. Se entera de que el rey ha desaparecido, él y la reina se enamoran y se casan.

Casi inmediatamente, una plaga cae sobre la tierra y Edipo va al oráculo para aprender a detenerla. Aprende que el hombre que mató al rey anterior debe sufrir una penitencia al igual que el hijo que se casó con su madre. Con el tiempo se revela que Edipo es ese hijo y que el hombre que mató en el camino era el rey, su verdadero padre. Por lo tanto, la profecía se cumplió, él mató a su padre y se casó con su madre, sin saber quiénes eran ellos y ellos sin saber quién era él.

Prometeo

Este mito trata de la idea de que al hombre se le da un regalo que le permitirá avanzar tecnológicamente. A medida que los griegos se volvieron más dependientes de la ciencia y la tecnología, muchos dijeron que enojarían a los dioses con su pretensión. Este fue uno de los mitos que trató con esa idea.

Prometeo fue uno de los pocos titanes que no fue castigado cuando Zeus se hizo cargo del Olimpo, ya que era una persona inteligente que sirvió bien a Zeus. Vio a la humanidad sufriendo y le rogó a Zeus que le permitiera ayudar a los humanos. Zeus lo prohibió, pero de todos modos Prometeo le dio fuego a la humanidad en secreto. Con el fuego, la humanidad fue capaz de progresar tecnológicamente.

Como castigo, Zeus encadenó a Prometeo a una roca donde un águila picoteaba su hígado diariamente, pero cada día el hígado volvía a crecer. Esto continuó durante años hasta que Hércules mató al águila y rescató a Prometeo. A cambio, Prometeo le contó a Hércules varias profecías, ya que Prometeo tenía el don de la premonición. Por supuesto, esto significa que Prometeo sabía lo que le pasaría si le daba fuego a la humanidad y de todos modos eligió ayudarles a pesar de saber el castigo que le esperaba.

El concepto de Prometeo es tan duradero, que el título completo que Mary Shelley le dio a su novela Frankenstein es en realidad Frankenstein: o el Prometeo moderno.

El Rey Midas

Este mito también se presenta como una de las famosas Fábulas de Esopo, historias cortas que contienen una moraleja para que la gente aprenda de ellas. El Rey Midas era un rey rico, poderoso y codicioso que pidió que se le diera la capacidad de convertir todo lo que tocaba en oro y Zeus concedió su deseo. Al principio, el rey Midas estaba encantado con este acontecimiento, sin embargo, su amada hija corrió a saludarlo y en el momento en que la tocó, se convirtió en oro.

El rey Midas le rogó a Zeus que lo ayudara. Zeus le dijo que sumergiera sus manos en el agua de cierto manantial, para luego tomar esa agua y rociarla sobre cualquier cosa que hubiera convertido en oro. Así lo hizo Midas y la usó para revivir a su hija, desde entonces fue humilde y donó todo lo que tenía.

Esta historia fue contada en un estilo mucho más simplista que la mayoría de los mitos griegos, empleando la típica idea griega de que demasiado orgullo lleva a la perdición de alguien. También es una historia más suave que la mayoría, ya que nadie muere o sufre permanentemente.

Sísifo

El mito de Sísifo perdura por el tormento que soporta en el Tártaro, la sección del inframundo reservada a los que necesitan ser castigados, como el ya mencionado Tántalo.

Sísifo fue un rey y gobernante que alentó el comercio, estableciendo el bienestar de su ciudad, pero también fue conocido por su crueldad. Una de las reglas más importantes en la Antigua Grecia era la idea de la hospitalidad: debías tratar bien a tus invitados, alimentarlos, bañarlos y ayudarlos si era posible.

Sísifo mataba a sus invitados y mostraba sus cuerpos a sus súbditos para recordarles su crueldad. Este flagrante desprecio por las reglas sagradas de la hospitalidad enfureció a Zeus. Trató de matar a Sísifo, pero fue más astuto que él en múltiples ocasiones, hasta que finalmente tuvo éxito. El castigo de Sísifo fue empujar una gran roca hacia la cima de una colina, pero cada vez que se acercaba a la cima, el peso aumentaba demasiado y la roca volvía a caer al fondo, por lo que Sísifo tenía que empezar de nuevo por la eternidad.

Hoy en día, si alguien tiene una "tarea de Sísifo", está haciendo algo que nunca llegará a terminar.

Estos son sólo algunos de los mitos populares que prevalecían en la Antigua Grecia, no obstante, en muchos otros mitos se trataban los mismos temas que en estos: el orgullo llevará a la perdición, trata bien a los demás y no intentes desafiar a los dioses.

Capítulo 6: Jacinto

Jacinto era un joven y apuesto príncipe espartano. Era un gran amigo y amante del dios Apolo.

Un día, mientras caminaba por una ladera, Apolo vio un pastorcillo que tocaba música, se sintió atraído y se dirigió hacia él. Cuando Apolo se acercó, se detuvo y se paró ante el pastor, preguntando: "¿Cómo te llamas, noble joven?". El pastor se quedó atónito por el brillo que emanaba del dios, pero respondió con sencillez: "Jacinto". Apolo preguntó entonces a Jacinto si podía usar su instrumento para tocar su propia música.

Jacinto estaba asombrado por la increíble belleza de Apolo, pero estaba aún más impresionado por el sonido de su música, ya que no se parecía a nada que un mortal hubiera escuchado antes. Jacinto se paró y miró en silencio con asombro. Apolo finalmente terminó de tocar y devolvió el instrumento, diciendo francamente: "Me agradas, Jacinto. Seremos amigos, e irás conmigo al palacio del rey Admeto".

Los ojos de Jacinto se iluminaron. Él tenía muchas ganas de ir, pero pensando en sus deberes de pastor, dijo: "¿Pero qué será de mis ovejas? No puedo dejarlas. No, no, Apolo, no puedo ir contigo". Apolo respondió: "Noble joven, te quiero aún más porque prefieres el deber al placer, y como no puedes venir conmigo, yo iré a ti. Mañana vendré de nuevo". Fiel a su palabra, Apolo volvió. Durante muchos y largos días jugaron, hablaron y aprendieron a amarse.

Su relación era hermosa, de modo que pasaron muchos más días juntos. Desafortunadamente, todo eso terminó en un fatídico día en el que estaban jugando a un juego de disco. Jacinto deseaba que Apolo ganara el juego, pero Apolo deseaba el triunfo de Jacinto.

Apolo cogió el disco y realizó un poderoso lanzamiento. Habría ganado, pero el Viento del Oeste intervino. El Viento del Oeste es bastante salvaje a la vez que sombrío, y se había puesto celoso de su hermosa amistad. Pensando que sus actos les harían pelearse, cambió la dirección del viento. El disco fue soplado con fuerza, de modo que retrocedió y golpeó a Jacinto en la frente, tirándolo al suelo. En otras versiones de la historia, Jacinto intentó impresionar a Apolo tratando de atrapar el disco y se golpeó en la cabeza.

De todos modos, Jacinto recibió un fuerte golpe en la cabeza, tomándolo a él y a Apolo por sorpresa. Apolo corrió hacia su amigo y levantó su cabeza herida del suelo, sin embargo, Jacinto no reaccionó y su cabeza cayó como una flor rota. Apolo lloró y gimió, porque Jacinto había muerto instantáneamente por el impacto. En un instante había perdido a su querido amigo de una manera muy cruel e impredecible.

—Ah, Jacinto, ojalá hubiera podido morir por ti. Mi lira contará tu triste destino y haré que te recuerden, pues eres un noble amigo —dijo Apolo a su fallecido compañero.

Donde había caído la sangre de Jacinto, Apolo hizo brotar la hermosa flor que lleva su nombre, el jacinto.

Y así es la historia de Jacinto, además de la razón por la que la flor de jacinto que conocemos hoy en día tiene su nombre.

Capítulo 7: Procne y Filomela

Pandión, el Rey de Atenas, se casó con su tía materna, Zeuxippe. Juntos tuvieron dos hijas, Procne y Filomela, y también dos hijos gemelos, Erecteo y Butes. Sin embargo, Pandión no era un gran padre y estaba constantemente preocupado por su reino. Cuando Atenas fue a la guerra con Abdacus, Pandión llamó a su vecino Tereo, quien residía en Tracia, y le pidió ayuda.

Tereo no sólo era el gobernante de Dáulis, también era el hijo de Ares, y gracias a sus muchas conexiones en Tracia, ganó la guerra de Pandión. Pandión, siendo un diplomático y un hombre de negocios muy listo, decidió que Tereo debía ser bien recompensado. También intentó consolidar una relación con él, y como era un padre horrible que veía a sus hijas como herramientas de negociación, le dio su hija Procne a Tereo para que fuera su esposa.

Tereo hizo lo que quiso con Procne, dejándola sola para cuidar de su hijo, Itys. Después de quedar embarazada, Tereo abandonó a Procne en su casa rural, sin decirle a nadie su paradero, para después ir a casa de Pandión con los ojos puestos en Filomela. Mintió a Filomela al decirle que su hermana había muerto, entonces procedió a seducirla y poco después se casaron.

Al casarse con ella, Tereo le cortó la lengua a Filomela. Sin embargo, Filomela era una tejedora consumada (como lo eran muchas mujeres griegas de clase alta), y tejía caracteres en una túnica para comunicarse con su hermana. Una vez que se dio cuenta de que Procne estaba viva, le envió la túnica para hacerle saber lo que estaba pasando. Procne, quien hasta ese momento había estado al margen de lo que había sucedido, se dispuso inmediatamente a vengarse y trajo a su hijo, Itys, con ella. Finalmente, Procne encontró a su hermana, pero debido al maltrato que sufrió y a lo que vio que le habían hecho a su hermana, se volvió loca.

Procne fingió seguirle la corriente a la maldad de Tereo, y le dijo que le prepararía una magnífica cena. Entonces entró en el cuarto de atrás, donde mató a su hijo Itys, procedió a hervirlo y se lo sirvió a Tereo. Mientras Tereo se daba un festín con su propio hijo sin saberlo, Procne agarró a Filomela y corrió.

Una vez que Tereo se dio cuenta de que las hermanas habían desaparecido, tomó un hacha y fue tras ellas. Las mujeres corrieron, pero no ganaron mucho terreno. Rezaron a los dioses para que se convirtieran en aves y estos les tuvieron compasión. Procne se transformó en el ruiseñor, llorando constantemente su pena en los sonidos "Itu, Itu" (el nombre de su hijo). Filomela se convirtió en la golondrina sin voz. Tereo también se transformó en un pájaro, convirtiéndose en la abubilla que grita "pou, pou", lo que significa "dónde, dónde" en griego.

Capítulo 8: Pigmalión y Galatea

En la isla de Chipre vivía Pigmalión, un joven y muy talentoso escultor.

Pigmalión era algo así como un odia-mujeres. Se esforzó por ver los detalles de las mujeres y solo tomó nota de sus múltiples defectos. Por eso no es sorprendente que decidiera no casarse nunca y, en cambio, centrar su vida en el arte.

Irónicamente, la obra maestra sobre la que ejerció toda su habilidad fue la escultura de una mujer. Quizás fue el resultado de su deseo de crear la mujer perfecta, una vara con la que se podrían medir todas las mujeres del mundo.

Por alguna razón, Pigmalión hizo uso de todo su talento en esta pieza, como ninguna otra obra de arte que había creado anteriormente. El resultado fue absolutamente impresionante, una obra de arte verdaderamente hermosa. A pesar de su increíble diseño, no estaba del todo satisfecho con su trabajo, Pigmalión exigía perfección. Continuó trabajando en su obra maestra femenina sin cesar, hasta que alcanzó su objetivo.

Cuando por fin terminó, el resultado fue una maravilla impresionante. Su pieza era incomparable, ya que ni siquiera se parecía a una obra de arte. Su belleza esculpida era tan real, que a simple vista podría haber sido confundida con carne y hueso real.

Su belleza era incomparable. Ninguna escultura jamás hecha, ni siquiera todas las mujeres que habían existido, podrían rivalizar con ella.

Cuando terminó, las mujeres tuvieron su venganza contra el despreciable joven, ya que Pigmalión se había enamorado. Se había enamorado profundamente, apasionadamente e inexplicablemente de su propia creación.

Para Pigmalión era una emoción difícil de comprender, porque su amada era una cosa inanimada, sin vida e incapaz de ofrecer reciprocidad. Nunca pudo besarle, cogerle la mano, sonreír, reír, emocionarse, responder a su deseo y, sin embargo, no podía dejar de amarla.

Al principio, simplemente jugó un juego de fantasía tal y como lo haría un niño: La vistió con vestidos elegantes, le dio regalos, la acostó por la noche y la arropó. Imaginaba vívidamente sus reacciones y cómo respondería ella cuando le hablara, aunque al final no era suficiente. Sabía que estaba desesperadamente enamorado de una creación que nunca podría devolverle amor.

Desde luego que el amor expresado por Pigmalión no pasó desapercibido para la propia diosa del amor, ni más ni menos que Afrodita.

Pigmalión llamó la atención de Afrodita debido a que era un nuevo tipo de amante, afligido por el deseo como tantos otros amantes y, aún así, era completamente diferente al resto. Era simplemente original y el objetivo de Afrodita era ayudarlo.

Chipre, el hogar de Pigmalión, le tenía mucho cariño a Afrodita. Fue la isla que la acogió por primera vez cuando salió de la espuma del mar, por lo tanto, sus fiestas eran especialmente populares allí. Un número increíble de personas abarrotaban sus templos, trayendo regalos para ella y suplicando a la diosa del amor que les diera éxito en el romance.

Pigmalión también asistió, pero ¿qué podría haber pedido? Sabía que sería imposible que su obra maestra le devolviera el amor, así que rezó para que encontrara una doncella similar a ella, si acaso fuera posible.

Sin embargo, Afrodita conocía el verdadero deseo de su corazón y por eso, en señal de su favor, hizo saltar tres veces la llama del altar delante de él. Pigmalión regresó a casa, pensando en este buen presagio.

Cuando llegó a casa se dirigió inmediatamente a buscar a su amada. Pensando en el presagio del altar de Afrodita, la acarició gentilmente y se sorprendió... ¡Estaba caliente al tacto!

Dudando de lo que había sentido, le dio un largo y prolongado beso. Para su asombro e incredulidad, sintió que sus fríos labios crecían suaves y cálidos a los suyos. La sintió transformarse mientras la abrazaba: la rigidez de sus miembros se desvaneció y se suavizó al tacto mientras la piedra de la que había sido tallada se convertía en carne.

Le tomó las muñecas y se maravilló de su pulso, caliente y latiendo bajo la punta de sus dedos. Su alegría fue absoluta al mirar su rostro y ver que le sonreía tímidamente, con las mejillas rosadas por el rubor inocente de una doncella.

Pigmalión supo entonces lo que Afrodita había hecho por él, por lo que su felicidad y gratitud no se podían expresar con palabras.

Pigmalión nombró a la doncella Galatea, y la misma Afrodita asistió a su boda. Su hijo se llamaba Pafos y la ciudad favorita de la diosa fue nombrada en su honor.

Capítulo 9: La caja de Pandora

Según el mito, Pandora fue la primera mujer en la tierra. Fue creada por voluntad de Zeus, hecha de arcilla y esculpida por Hermes. Hay varias versiones de esta historia, pero la que sigue es la más conocida.

Pandora fue creada como un castigo a la humanidad, como respuesta a que Prometeo robara fuego y se lo diera a los humanos contra las órdenes de Zeus. Pandora recibió regalos de cada uno de los Dioses, desde la belleza, la curiosidad, hasta la habilidad musical. Estos dones formaron su personalidad, creando una mujer astuta y curiosa.

También se le dio a Pandora una caja con cosas desconocidas en su interior, pero se le instruyó que nunca la abriera. La caja estaba llena de cosas malignas que no debían ser liberadas en el mundo, pero Pandora fue creada con una personalidad curiosa y por eso luchó por contenerse.

Hermes llevó a Pandora con Epimeteo, el hermano de Prometeo, para que se casaran. Prometeo no era muy amigo de los dioses y le había aconsejado a su hermano que no aceptara ningún regalo de ellos, pero la belleza de Pandora cautivó a Epimeteo y la aceptó inmediatamente como su esposa.

Pandora luchó durante un tiempo para abstenerse de abrir la caja, pero al final su curiosidad ganó. Cuando abrió la caja, todos los horrores conocidos por la humanidad escaparon al mundo. Luchas, enfermedades, trabajo duro y una serie de otros terrores escaparon de la caja.

Antes de que todo el contenido escapara, Pandora fue capaz de cerrar la caja con una sola cosa dentro de ella, la esperanza.

La frase "Caja de Pandora" proviene de esta historia y a menudo se utiliza para describir una acción aparentemente pequeña e inocente que luego crea un montón de problemas. Cuando no sabemos cuán graves serán las consecuencias de una pequeña acción, es como si abriéramos la caja de Pandora.

Hay varias versiones diferentes de este cuento. En muchas, la "caja" es en realidad mencionada como un frasco. La transformación en una "caja" sólo ocurrió en el siglo XVI cuando fue traducida al latín. Desde entonces, la frase "Caja de Pandora" se ha hecho famosa.

En algunas versiones de la historia, el frasco o caja ya estaba en posesión de Epimeteo y Pandora lo encontró en su casa.

Independientemente de la versión exacta de los acontecimientos, los componentes clave de la historia siguen siendo los mismos. Zeus quería castigar a los humanos, por lo que creó a la primera mujer, haciéndola demasiado curiosa, astuta y no tan digna de confianza.

Capítulo 10: Las Epopeyas

Están los mitos griegos, y luego están las epopeyas.

Una epopeya es una historia mitológica que se cuenta en forma de una serie de poemas o estrofas que, según se cree, eran originalmente historias orales que luego fueron transcritas e incluso podrían haber sido de múltiples autores, aunque las dos epopeyas más famosas se atribuyen generalmente a la obra de un poeta llamado Homero.

Las dos epopeyas más conocidas son La Ilíada y La Odisea. La primera cuenta la historia de la guerra de Troya mientras que la segunda cuenta lo que les pasa a los griegos supervivientes después de la guerra.

Estos dos relatos son mayormente ficticios, pero contienen hechos históricos reales. Por ejemplo, realmente hubo una guerra entre Troya y Grecia, que de hecho podrían haber sido varias. Sin embargo, las razones de la guerra y la gente involucrada fueron seguramente exageradas, así como la participación de los dioses para explicar el cambio de marea a favor de un lado sobre el otro.

La Ilíada cuenta que la guerra de Troya comienza cuando Hécate, envidiosa de los otros dioses, lanza una manzana de oro en el banquete de los dioses que dice "para la más bella". Atenea, Hera y Afrodita reclaman la manzana, y se decide que

París, un príncipe de Troya, decida cuál de ellas es. Cada diosa ofrece a París un premio a cambio de que las elija.

París elige a Afrodita, quien le promete el amor de la mujer más bella del mundo, Helena. Helena ya está casada, pero París se la roba y la trae de vuelta a Troya. Como resultado, Agamenón, el hermano del marido de Helena, Menelao, le declara la guerra a Troya.

Los griegos proceden a rodear Troya y asediarla, matando de hambre a los ciudadanos de la ciudad. Hay varias hazañas heroicas durante este tiempo, las más importantes son las de Aquiles en el lado griego y Héctor en el lado troyano. La guerra finalmente termina cuando Odiseo, con la ayuda de Atenea, concibe la idea del Caballo de Troya.

Los griegos afirman que vuelven a casa y erigen un enorme caballo como ofrenda a Poseidón para pedirle ayuda en el viaje a través del mar, aunque piden que los troyanos dejen el caballo en paz. Sin embargo, los troyanos meten el caballo en la ciudad para quemarlo y traer mala suerte a los griegos, como Atenea le dijo a Odiseo que lo harían. Oculto dentro del caballo está el ejército griego que irrumpe, destruyendo la ciudad y llevando a Helena de vuelta a casa.

La Odisea cuenta la historia de cómo Odiseo regresa a casa con el resto del ejército griego, pero termina asesinando a un cíclope, uno de los hijos de Poseidón. Esto enfurece a Poseidón y como dios del mar, logra retrasar el regreso de Odiseo por diez años, encontrando muchos peligros y monstruos a lo largo del camino, incluyendo a Escila, el monstruo de muchas cabezas, y Caribdis, un remolino.

Estas epopeyas se siguen citando en la actualidad y sirvieron de inspiración para muchos autores clásicos después. Son historias de múltiples capas que tienen múltiples capítulos, abarcan muchos personajes y se extienden a lo largo de varios años. La mayoría de los mitos son historias más sencillas que pueden ser reconstruidas posteriormente, como las historias sobre las hazañas de Hércules.

Las epopeyas presentaron realmente a la civilización los cuentos mitológicos que más tarde se convertirían en novelas, situándolos por encima de la mayoría de los demás mitos y poniéndolos en la lista de la literatura clásica.

Capítulo 11: El Legado de los Griegos

Los mitos griegos son unos de los más perdurables en el mundo. Continúan hasta el día de hoy, con películas animadas como Hércules de Disney, y en programas de televisión como American Gods y Atlantis.

Cuando mencionas la mitología a alguien, es muy probable que las primeras historias y personajes que mencionen sean los de la Antigua Grecia.

Los griegos son perdurables en parte debido a los enormes avances que hicieron en la ciencia y la tecnología. Su historia y cultura fueron de gran influencia en el mundo occidental, por lo que tiene sentido que así como su historia y tecnología fueron tan difundidas, sus mitos también lo sean.

Además, es porque sus historias son sinceramente entretenidas. ¿Dioses que apuñalan por la espalda que se acuestan entre ellos y pueden convertirse en animales, hombres que van a la guerra, y mujeres que con magia engañan, seducen o ganan poder a voluntad? Es muy parecido a las telenovelas de hoy en día, pero con más magia involucrada.

Si miras a tu alrededor, te sorprenderá lo mucho que los mitos griegos siguen formando parte de nuestra vida cotidiana. Están en nuestros dichos, como cuando le dices a tu amigo que una tarea es hercúlea, o cuando dices que una tarta es tentadora.

Están en nuestros medios de comunicación, incluyendo las empresas: la popular empresa de equipamiento deportivo, Nike, recibe su nombre de la diosa de la victoria. La Ilíada y la Odisea, las dos epopeyas de Homero, se consideran literatura clásica y se leen como novelas que todavía hoy se estudian por su simbolismo y sus arcos característicos. Percy Jackson y los Olímpicos, una de las series de libros para jóvenes más populares de los últimos años, trata sobre los dioses griegos de los tiempos modernos.

Resulta evidente que uno se puede familiarizar con la mitología griega, aunque sólo sea por las referencias que hacemos a ella en el cine, la televisión, la literatura y en nuestra vida cotidiana. Los antiguos griegos pueden haber desaparecido hace tiempo, pero su influencia y sus historias están aquí para quedarse. Qué historias tan interesantes y entretenidas que son.

Conclusión

¡Otra vez gracias por haberte tomado el tiempo de leer este libro!

Ahora deberías tener una buena comprensión de la mitología griega. Espero que hayas disfrutado aprendiendo sobre los muchos personajes e historias que formaban parte de la cultura de la Antigua Grecia.

Si disfrutaste de este libro, por favor tómate el tiempo de dejarme una reseña en Amazon. Agradezco tus sinceros comentarios, ya que me ayudan a seguir produciendo libros de alta calidad.